So lebt

London

Der perfekte Reiseführer für einen unvergesslichen Aufenthalt in London inkl. Insider-Tipps, Tipps zum Geldsparen und Packliste

Janina Deepen

✈ INHALT

Das erwartet Sie in diesem Buch

Samuel Johnson sagte einmal: „If a man is tired of London, he is tired of life. For there is in London all that life can afford." (auf Deutsch: "Wenn jemand London leid ist, ist er auch das Leben leid. Denn London hat alles, was das Leben zu bieten hat.").

Es zählt zu den faszinierendsten und aufregendsten Metropolen in Europa und dient knapp dreißig Millionen Besuchern pro Jahr als Reisedestination. London ist eine Stadt der Kontraste – sie verbindet das

Historische mit dem Modernen. Michelin-Restaurants koexistieren mit Street-Food-Märkten, aufwendige Architektur mit Graffitikunstwerken, traditionsreiche Museen mit trendigen Hipster-Läden. Hier gibt es nichts, was es nicht gibt.

London ist bunt, laut und groß. Und ständig in Bewegung. Die Stadt hat so viel mehr zu bieten als nur Fish & Chips, die Royals und rote Telefonzellen. Die knapp 2000-jährige Geschichte prägt das Stadtbild auf beeindruckende Weise bis heute.

Aber was genau zeichnet London aus? Wo muss man gewesen sein, was sollte man gesehen haben? Und wie ticken die Londoner?

Diese und viele weitere Fragen beantwortet der Ihnen vorliegende Reiseführer. Er gibt Ihnen einen Überblick über die Geschichte und Struktur der Stadt London, stellt die beliebtesten Attraktionen vor und gibt Ihnen Empfehlungen zu allen Aspekten Ihres Aufenthalts – vom Flughafentransport über Unterkünfte bis hin zu Restaurants und Aussichtspunkten. Sie erhalten Tipps aus der Perspektive einer Autorin, die die Stadt liebt wie ihre eigene Heimat, und werden ganz nah herangeführt an den Puls der Stadt London.

Die Stadt – Zahlen, Daten, Fakten

London ist mit fast neun Millionen Einwohnern (Tendenz: steigend!) die drittgrößte Stadt Europas und gleichzeitig Hauptstadt des Vereinigten Königreichs. Die an der Themse gelegene Metropole befindet sich im Südosten der britischen Insel und ist in insgesamt 32 Stadtbezirke, die „Boroughs", und das Zentrum, die „City of London", aufgeteilt.

Waren die Viertel südlich der Themse einst vor allem für Sozialbausiedlungen, Kriminalität und mangelnde Infrastruktur bekannt, holen sie in den letzten Jahren in ihrem Ansehen deutlich auf und stehen heute für neue, urbane Trends. Mittlerweile wächst die Stadt gen Osten, abwärts der Themse. So wuchsen in den letzten Jahren etliche Wolkenkratzer im ehemaligen Hafengebiet der Docklands und „Canary Wharf" ist als solches entstanden.

Die Stadt ist eines der wichtigsten Handels-, Kultur- und vor allem Finanzzentren der Welt. Bekannt ist sie für ihr Bankenmilieu. Zahlreiche Weltbanken sind hier beheimatet, beispielsweise im oben genannten „Canary Wharf". Zudem ist London die Heimat vieler Universitäten, Hochschulen, Museen sowie Theatern.

Außergewöhnlich ist die demografische Struktur der Bevölkerung: Mehr als jeder zweite Londoner ist jünger als 35 Jahre. Und jeder dritte Einwohner ist Einwanderer – das spiegelt die ungeheure Beliebtheit der Stadt auch bei Nicht-Engländern wider!

Insgesamt leben Menschen aus über 160 Ländern dieser Welt in London nebeneinander und miteinander; mehr als 140 verschiedene Sprachen werden in den verschiedenen Stadtvierteln gesprochen.

Auch touristisch gehört London mit jährlich über 27 Millionen Besuchern zu den meistbesuchten Metropolen überhaupt.

In seinen Grundzügen existiert London bereits seit dem Jahr 47 n. Chr., wobei das nächste Kapitel dezidiert auf die Entstehungsgeschichte der Stadt eingeht.

JANINA DEEPEN

Wie ist London entstanden?

Wer das heutige London in seiner Heterogenität und mitsamt der Vielzahl an historischen Bauwerken verstehen möchte, sollte einen Blick in die Vergangenheit werfen. Der römische Ursprung prägt das Stadtbild der Metropole bis heute.

Die fast 2000-jährige Geschichte Londons reicht bis ins Jahr 43 nach Christus zurück, das heute offiziell als Gründungsjahr bezeichnet wird. Damals eroberten die Römer Britannien und errichteten an den Ufern der Themse die Kleinstadt „Londinium". Nachdem das Römische Reich im 5. Jahrhundert untergegangen war, wurde die Stadt mangels Schutz zunächst aufgegeben und hatte viele Jahre lang keine Einwohner mehr - so lange, bis die Angelsachsen im 9. Jahrhundert erst die britische Insel und kurze Zeit später auch das Stadtgebiet besiedelten, das sie „Lundenburgh" tauften.

Nach der Eroberung durch die Normannen im Jahr 1066 wurde London britische Hauptstadt und bekam 1189 erstmals einen Bürgermeister. Aus dem 11. Jahrhundert stammt unter anderem der Tower of London, der heute beispielsweise die britischen Kronjuwelen beherbergt. Auch entstand um 1205 die älteste aller Londoner Brücken: die London Bridge.

In den darauffolgenden Jahrzehnten entwickelte London sich zu einer führenden Handelsmetropole. Jedoch sollte das 17. Jahrhundert als das katastrophalste überhaupt in die Geschichte eingehen.

Der rege Warenaustausch war Fluch und Segen zugleich: Einerseits konnte die Stadt ein starkes Wirtschaftswachstum verzeichnen, das den Bürgern Wohlstand vermachte – andererseits führte der

Import von Gütern dazu, dass 1664 die Pest aus-
brach und die Bevölkerung Londons drastisch dezi-
mierte. Damit noch nicht genug: Zwei Jahre später
stand die Stadt fast vollständig in Flammen. Dem
„Großen Brand von London" fielen knapp 80 % der
Gebäude zum Opfer.

Der Wiederaufbau sollte der Startschuss für das
bis heute andauernde Wachstum Londons sein. Im
viktorianischen Zeitalter wuchs das Stadtzentrum
durch das Anlegen neuer Brücken über die Themse.
Die Industrialisierung zu Beginn des 19. Jahrhunderts bescherte der Metropole endgültig Ruhm und
Reichtum; London wurde die größte und reichste
Stadt der Welt. Die Einführung der Eisenbahn führte
dazu, dass umliegende Dörfer sich dem Stadtkern
anschlossen und die Bevölkerungszahl der britischen Hauptstadt damit explosionsartig in die Höhe
trieben. Die Andockung umliegender Siedlungen an
den Stadtkern ist der Grund, warum sich das heutige
London mit seinen vielen, so unterschiedlichen
Stadtvierteln wie ein „Flickenteppich" darstellt.

Das Verwaltungsgebiet, wie es heute mitsamt aller Bezirke existiert, entstand letztlich im Zuge der
Gründung „Greater London's" am 1. April 1965.

London – eine Stadt der Höhen und Tiefen. Trotz aller Rückschläge hat sich die Metropole immer wieder aufgerichtet und ist heute in vielerlei Hinsicht eines der wichtigsten Zentren der Welt.

Für Touristen

SEHENSWÜRDIGKEITEN – MUST SEES

Vorab muss man festhalten: Ein einziger Besuch in London reicht bei Weitem nicht aus, um auch nur ansatzweise das zu erleben, was die Stadt zu bieten hat. Ich kann Ihnen versprechen, dass Sie bei jedem Aufenthalt in der britischen Hauptstadt neue Seiten an ihr entdecken werden. Dieses Kapitel soll daher dazu dienen, Ihnen einen Überblick über die Wahrzeichen der Stadt und beliebte Touristenattraktionen zu verschaffen. Zusätzlich dazu werden Ticketpreise und – je nach Attraktion – Öffnungszeiten angegeben.

Tower Bridge

Als DAS Wahrzeichen überhaupt in London verbindet die Tower Bridge die Stadtbezirke Tower Hamlets im Norden sowie Southwark im Süden der Themse. Die Brücke ist im neugotischen Stil gebaut und im Jahr 1894 eröffnet worden. Sie verfügt über zwei Haupttürme und ist eine hybride Konstruktion in Form einer Klapp- und einer Kettenbrücke. Oberhalb der Fahrbahn befinden sich zwei Fußgängerstege etwa 43 Meter über der Wasseroberfläche.

Über die Brücke führt die Hauptverkehrsstraße A 100. Dennoch hat der Schiffsverkehr noch immer Vorrang vor dem Straßenverkehr - spektakulär wird es immer dann, wenn die beiden mittleren Brückenteile für die Durchfahrt größerer Schiffe hydraulisch bis zu 86° hochgeklappt werden. Das passiert heutzutage etwa tausendmal pro Jahr. Die genauen Zeiten können Sie der offiziellen Homepage der Tower Bridge entnehmen.

Im Innern der Brücke befindet sich ein Museum, das Besuchern einen Blick in die Maschinenräume gewährt und ihnen vieles über die Geschichte inklusive der Entstehung und dem Wandel der Tower Bridge vermittelt. Der Eintritt kostet etwa 11€.

London Eye

Das mit 135 Metern höchste Riesenrad in ganz Europa steht am Londoner Südufer, direkt gegenüber von „Big Ben". Es ist seit der Eröffnung im Jahr 2000 eines der Wahrzeichen Londons. Ursprünglich geplant war der Betrieb des Riesenrads für nur fünf Jahre – als Konsequenz des unerwartet großen Erfolgs entschied man sich schließlich für eine dauerhafte Installation. Aus den 32 gläsernen Gondeln heraus genießt man während der knapp 30-minütigen Fahrt einen großartigen Blick auf die Stadt hinab und bei passendem Wetter sogar bis zum 40 Kilometer entfernten Schloss Windsor. Tickets bucht man am besten im Voraus online, da man auf diese Weise ein paar Euro sparen und am Tag der Fahrt bequem an der Warteschlange vorbeilaufen kann.

Das London Eye ist eines der „Must Sees" in der britischen Hauptstadt und gehört zu einem kompletten Besuch einfach dazu.

Berechtigterweise?

Jein. Zwar ist eine Fahrt mit dem London Eye aufgrund der „dynamischen" Aussicht von einem so zentralen Punkt in der Stadt aus zurecht eine einmalige Sache. Doch Eintrittspreise in Höhe von knapp

40 € für einen Erwachsenen rechtfertigt das nicht, zumal man nach nur 30 Minuten wieder am Boden ist.

Unsere Empfehlung: Sparen Sie die 40 € lieber – und genießen Sie die Aussicht über London lieber von der knapp doppelt so hohen Plattform im „The Shard".

The Shard

Übersetzt als "die Scherbe" ist der gläserne Wolkenkratzer mit knapp 310 Metern das aktuell höchste Gebäude Westeuropas. Es befindet sich im Stadtteil Southwark südlich der Themse und verfügt über knapp 72 Stockwerke, die hauptsächlich als Restaurants, Hotels und Büroräume dienen. Die obersten vier Etagen werden als Aussichtsplattform genutzt, die sich offiziell „The View From The Shard" nennt. Oben angekommen genießt man die mit Abstand spektakulärste 360°-Aussicht über London, die an guten Tagen eine Sicht in bis zu 64 Kilometer Entfernung bietet.

Im Gegensatz zum London Eye kostet der Eintritt „nur" 27 € für einen Erwachsenen und ermöglicht zudem einen unbegrenzten Aufenthalt. Auch hier die Empfehlung: Buchen Sie im Voraus online, dort ist die Reservierung der Besuchszeit inklusive. Idealerweise fahren Sie bereits bei Tageslicht auf die Plattform hinauf und lassen dort den Sonnenuntergang aus einer der spektakulärsten Perspektiven auf sich wirken. Es lohnt sich!

Buckingham Palace

London ist die Heimat der britischen Monarchie. Im Herzen der Stadt, in Westminster, steht mit dem Buckingham-Palast die gigantische Residenz der Royals – Königin Elisabeth II. wohnt hier mit ihrem Gatten Prinz Philip. Ist die Queen zu Hause, erkennt man dies schnell an der gehissten britischen Flagge auf dem Dach des Palastes. Daneben dient das Gebäude beispielsweise dem Empfang ausländischer Staatsmänner im Rahmen derer Besuche der englischen Metropole.

Rund um den Palast kann man die Grenadier-Garde mit den berühmten schwarzen Fellmützen beobachten. Beeindruckend zu sehen ist vor allem die Wachablösung der Guards, die zeremoniell abläuft. In den Sommermonaten (April bis Juli) findet diese täglich ab 11 Uhr für etwa 30 Minuten statt, in den Wintermonaten dagegen nur jeden zweiten Tag (Montag, Mittwoch, Freitag, Sonntag).

Elizabeth Tower & Parlament

Der Turm des Palace of Westminster wird im Volksmund nur „Big Ben" genannt. Eigentlich bezeichnet der Begriff lediglich die größte der fünf Glocken im Innern des Turms, der offiziell „Elizabeth Tower" heißt und zum Parlamentsgebäude gehört. Dieses gehört neben dem direkt gegenüberstehenden London Eye zu den bekanntesten Wahrzeichen der Stadt und ist von der UNESCO sogar zum Weltkulturerbe ernannt worden.

Besichtigt werden kann das Parlament, bestehend aus dem House of Commons sowie dem House of Lords, allerdings nur begrenzt. Wer Parlamentsdebatten live mitverfolgen möchte, kann sich am Morgen an den Besuchereingang stellen und auf eine der Eintrittskarten aus dem limitierten Kontingent hoffen. Die Chance ist allerdings nicht allzu groß.

Tower of London

Er ist der mit Abstand älteste und wichtigste Gebäudekomplex Londons und befindet sich unmittelbar neben der Tower Bridge (die daher ihren Namen trägt) direkt an der Themse. Seit seiner Entstehung im 11. Jahrhundert diente er unter anderem als Königsresidenz, Waffenkammer, Gefängnis und sogar

als Zoo. Die Funktion als Lagerungsort der Kronjuwelen, die gleichzeitig die Hauptattraktion einer Besichtigung darstellen, hat der Tower seit 1303.
Heute können auf etwa 4,8 Hektar Fläche Ausstellungen über die knapp 900-jährige Geschichte der
Entstehung und Nutzung der Festung, die eben genannten britischen Kronjuwelen sowie das Museum
des Royal Regiment of Fusiliers bestaunt werden.
Falls Sie das tun möchten, empfiehlt sich auch in diesem Fall wiederum die Buchung der Tickets im Voraus im Internet, um das stundenlange Anstehen in
der Schlange vor Ort zu vermeiden. Der Eintritt kostet etwa 32 € für einen Erwachsenen sowie 16 € pro
Kind.

Camden Market
London hat neben unzähligen Shoppingmöglichkei-
ten einen der schönsten Märkte der Welt zu bieten.
Etwas nördlich der Innenstadt, im Stadtteil
„Camden", befindet sich der Camden Market, der
sich in sechs verschiedene Teile gliedert und einzig-
artige Antiquitäten, Spezialitäten, Kleidung und
Schmuck der verschiedensten Kulturen bietet. Jede
Woche (!) zählt er eine halbe Million Besucher. Be-
sonders die zahlreichen Imbissstände mit ihren

exotischen kulinarischen Angeboten sind überaus beliebt. Planen Sie dafür etwas Zeit ein! Durch die hohe Beliebtheit des Marktes ist er insbesondere an Wochenenden sehr überlaufen. Sowohl Touristen als auch Einheimische halten sich hier regelmäßig auf. Wenn Sie lieber in etwas ruhigerer Atmosphäre über die Märkte schlendern möchten, empfehle ich Ihnen einen Besuch unter der Woche, idealerweise am Vormittag. Der Großteil der Stände öffnet täglich um 10 Uhr. Kleiner Tipp: Es werden diverse „Camden Market-Touren" angeboten. Darunter sogar kostenlose – gegen eine freiwillige Spende lernen Sie von den Guides etwas über die Geschichte der Märkte und bekommen spannende Hintergrundinfos.

Achtung: Die Stände akzeptieren nur Bargeld!

St. Paul's-Kathedrale

Sie gehört zu den bedeutsamsten Kathedralen der ganzen Welt und ist nebenbei ein architektonisches Meisterwerk, das sehr zentral in der City of London, fast direkt an der Themse, liegt. Hier gaben sich einst Prinz Charles und Prinzessin Diana das Ja-Wort.

Nach der Zerstörung durch den großen Brand von London im September 1666 wurde das einst gotische Bauwerk durch den britischen Astronomen und Architekten Christopher Wren bis 1710 ein zweites Mal fertiggestellt. Namensgeber der Kathedrale ist übrigens der heilige Paulus, der Schutzpatron der Stadt. Das Gebäude, in dessen Mitte sich die 111 Meter hohe, imposante Kuppel befindet, misst etwa 158 Meter Länge.

Im Innern der Kathedrale zieren einzigartige Gemälde, Mosaike und Schnitzereien aus dem 19. Jahrhundert die Wände. Acht große Bögen stützen das enorme Gewicht der riesigen Kuppel. Die kennt jeder, der schon einmal die Skyline von London betrachtet hat. Andersherum ist es also nicht verwunderlich, dass man von deren höchstem Punkt aus einen fantastischen Panoramablick über London genießt. Die Kuppel kann zudem bestiegen werden: Ganze 528 Stufen sind es bis ganz nach oben – und damit ebenso viele wie auf den Kölner Dom.

Auf den verschiedenen Ebenen auf dem Weg hinauf durchquert man drei Galerien: zunächst die Flüstergalerie, in der durch die besondere Biegung der Wände jedes Geräusch im ganzen Raum verteilt wird. Hier kann darüber hinaus ein Blick auf die Baupläne und -entwürfe von Christopher Wren geworfen werden. Es folgt auf der zweiten Ebene die Steingalerie, die auf der Außenseite der Kuppel einmal rundherum führt, sowie die Goldgalerie auf der höchsten Ebene der Kuppel. Der Aufstieg ist steil und eng, als Belohnung gibt es dann aber einen atemberaubenden Ausblick.

Die Besichtigung der Kathedrale erfolgt auf eigene Faust; lediglich einen Audio- bzw. Video-Guide gibt es am Eingang mit auf den Weg. Der reicht aber aus, um alle relevanten Informationen sowie spannende Erzählungen über den Bau und die Geschichte von St. Paul's mitzunehmen.

Preislich muss man sich auf knapp 20 € für einen Erwachsenem sowie 9 € pro Kind einstellen.

Trafalgar Square

Mitten im Zentrum Londons befindet sich der größte, öffentliche Platz der Stadt, an dem drei Straßen zusammenlaufen. Sein Name erinnert an die See-Schlacht von Trafalgar im Jahr 1805. Passend dazu steht auf dem Trafalgar Square ein Denkmal in Form einer Statue des Admirals Horatio Nelson, der in jener Schlacht sein Leben verlor.

Stirnseitig des Platzes liegt das Kunstmuseum „National Gallery" (mehr dazu im Kapitel „Museen").

Von dessen Treppe aus bestaunt man den großartigen Blick die Straße hinunter auf den Elizabeth Tower mit „Big Ben". Neben der Nelson-Statue fallen noch vier weitere Denkmäler, jeweils in den Ecken des Platzes, ins Auge: Sie sind eine Erinnerung an die englische Militärgeschichte und bilden die Persönlichkeiten König Georg IV., Major General Sir Henry Havelock sowie Sir Carlos James Napier ab.

Wer jetzt mitgezählt hat, merkt, dass ich nur drei Statuen aufgezählt habe. Der Grund für das Fehlen der vierten Statue ist ein wenig kurios: der Stadt gingen die finanziellen Mittel aus. Stattdessen bietet der vierte Sockel heute Platz für wechselnde, zeitgenössische Kunstwerke.

Auf dem Trafalgar Square ist immer etwas los. Londoner, auch Touristen, nutzen den Platz als allgemeinen Treffpunkt. Das Treiben hier ist vergleichbar mit dem des Piccadilly Circus, ist diesem jedoch in seiner Ästhetik um Einiges voraus.

Madame Tussaud's
Die Riege der Wachsfiguren in der Londoner Baker Street gehört zu den meistbesuchten Attraktionen der britischen Hauptstadt. Neben den Royals, die selbstverständlich zum Kerninventar gehören,

„treffen" Sie hier berühmte Sänger (Madonna, Adele, Michael Jackson, Freddy Mercury), Politiker (Mandela, Trump und viele mehr), Schauspieler (George Clooney, Benedict Cumberbatch etc.) und Wissenschaftler wie Albert Einstein und Stephen Hawking. Die extreme Beliebtheit des Wachsfigurenkabinetts führt dazu, dass die Schlange vor dem Eingang regelmäßig Wartezeiten von bis zu zwei Stunden zur Folge hat.

Demnach gilt hier wiederum: Kaufen Sie Ihre Tickets vorher online. So können Sie sich das lange Warten und sogar einen Teil des Eintrittspreises sparen.

Piccadilly Circus
Eine der bekanntesten Straßenkreuzungen Londons ist der Piccadilly Circus im Stadtteil West End. Er verbindet die Regent Street mit der Shaftesbury Avenue und der Coventry Street. Von hier aus kann man wunderbar zu einer ausgiebigen Shoppingtour aufbrechen. Der Platz erinnert aufgrund der gigantischen, leuchtenden Werbetafeln an den New Yorker Times Square und ist besonders am Abend sehr belebt. Rund um den Shaftesbury Gedenkbrunnen, auf dem sich die Figur eines geflügelten Bogenschützens

befindet, treten häufig Künstler auf; nicht selten wird der Platz von Musik aller Art beschallt. Auffällige Gebäude rund um den Piccadilly Circus sind beispielsweise der London Pavilion, der als frühere Musikhalle heute als Einkaufszentrum dient, sowie das Criterion Theatre.

Westminster Abbey

Die "königliche Kirche" zählt nicht nur zu den meistbesuchten Gotteshäusern der Welt, sondern darüber hinaus zum UNESCO-Weltkulturerbe. Hier werden traditionell Königinnen und Könige gekrönt und beigesetzt, doch auch die Trauerfeier für Lady Diana sowie die royale Trauung von William und Kate fanden hier statt. Außerdem befinden sich im Gebäude über 400 Gräber von Königen, Künstlern, Politikern und anderen Nationalhelden – unter anderem liegen hier Charles Dickens und Isaac Newton.

Die von 1045 bis 1065 ursprünglich im romanischen Stil erbaute Kirche ist eines der ältesten Bauwerke der Stadt. König Heinrich III. ließ es schließlich durch einen frühgotischen Sakralbau ersetzen. Auffällig ist der Einfluss verschiedener Architekturstile von Fassaden am Haupteingang über die Türme bis hin zum Innenraum der Kirche.

Die Westminster Abbey kann zum stündlichen Gebet oder zum mehrmals täglichen Gottesdienst von jedermann besucht werden. Außerdem finden Touren mit Audio-Guide statt, Tickets kosten hier umgerechnet 23 € für Erwachsene sowie 10 € für Kinder.

Eines der Highlights der Besichtigung ist zweifelsohne der Anblick des hölzernen Krönungsstuhls – zuletzt wurde darauf die amtierende Königin Elisabeth II. im Jahr 1953 gekrönt.

Covent Garden (Market)

Im Herzen der Stadt befindet sich im Stadtviertel Covent Garden ein ehemaliger Obst- und Gemüsemarkt – heute ist hier ein wunderschön hergerichteter, sehr belebter Markt mit allerhand unterschiedlichen Produkten. In der riesigen Markthalle schlendern Sie vorbei an Ständen voller Mode, Schmuck, Antiquitäten, Kunstwerken und Lebensmitteln. Zwischen den Ständen findet man immer wieder auch kleinere Modeläden. Lassen Sie sich von den Preisen nicht erschrecken – das ist eben Standard in London. Nichtsdestotrotz ist Covent Garden zweifellos einen Besuch wert. Besonders gut eignet sich der Markt, wenn man auf der Suche nach einem Mitbringsel für die Daheimgebliebenen ist. Tee, Pralinen und Schokolade gibt es hier im Überfluss. Unser Tipp: Lassen Sie sich treiben!

Aber nicht nur zum Einkaufen sollte man Covent Garden unbedingt besuchen: Denn rund um die Markthallen herum unterhalten Straßenkünstler die Besucher. Von Musikern bis Artisten kommen hier alle Arten von Künstlern zusammen. Bleiben Sie ruhig für ein paar Minuten stehen und lassen Sie sich begeistern!

Downing Street

Die wohl bekannteste Straße Londons nach der Baker Street!

Jeder kennt sie: Die Downing Street in der City of Westminster. Für die Öffentlichkeit zugänglich ist sie seit 1986 aus Sicherheitsgründen leider nicht mehr, stattdessen versperren heute stählerne Tore den Durchgang zum St. James Park. Besonders berühmt dürfte die Hausnummer 10 sein, der Sitz der britischen Premierministerinnen und Premierminister.

Wussten Sie, dass die Haustür kein Schlüsselloch besitzt und man sie nur von innen öffnen kann?

Gleich nebenan wohnen übrigens auch der

Schatzkanzler sowie der Fraktionsführer der Regierungspartei.

Trotz der mangelnden Zugänglichkeit der Straße mag der ein oder anderen gern mal einen Blick hineinwerfen. Nicht zuletzt, um einfach mal ganz nah dran zu sein, an der Wohnung der Premierminister ...

Shakespeare's Globe Theatre

Die bekannteste Rekonstruktion jenes Freilufttheaters, in dem William Shakespeare arbeitete und seine Stücke aufführte, liegt direkt neben dem Tate Modern am Südufer der Themse Londons und wurde 1997 eröffnet. Wie das ursprüngliche, im Jahr 1599 erbaute, Globe Theater hat auch der Nachbau ein Strohdach. Damals jedoch brannte das achteckige Gebäude, das Platz für über 3000 Menschen bot, im Rahmen eines Theaterstücks ab und wurde durch ein Ziegeldach ersetzt. Eine besondere Eigenschaft des Theaters, die in der Form heute nicht mehr vorkommt, war die Nähe der Zuschauer zu den Schauspielern. Keiner der 3000 Plätze war weiter als 20 Meter von der Bühne entfernt. Aufgeteilt waren die Plätze auf den Innenhof (Stehplätze) unter freiem Himmel sowie den Hof umgebende Galerien, auf denen sich überdachte Sitzplätze befanden.

1644 wurde das Theater schließlich abgerissen, nachdem die puritanische Regierung es geschlossen hatte.

Im Londoner Nachbau werden seit dem Bau jeden Sommer von Mai bis September verschiedene Stücke von Shakespeare aufgeführt. Außerdem befindet sich gleich nebenan ein Zentrum für Besucher inklusive eines Museums mit verschiedenen Exponaten sowie einer Ausstellung über Geschichte und Bedeutung des Globe Theaters.

Besucher haben zudem die Möglichkeit, eine etwa 40-minütige Führung durch das Theater zu buchen. Kostenpunkt: knapp 20 € für Erwachsene, 12 € für Kinder.

HMS Belfast

Das unmittelbar vor der Tower Bridge am Ufer der Themse liegende Kriegsschiff zeigt einen Teil britischer Kriegsgeschichte auf. Es wurde nach dem Zweiten Weltkrieg aus dem Dienst genommen und 1971 in ein Museum umgewandelt, das es bis heute ist. Bei einer Besichtigung auf dem 187 Meter langen Schiff erfahren Sie auf neun Decks etwas über das Leben der bis zu 950 Besatzungsmitglieder an Bord während des Zweiten Weltkriegs und hören sich ihre Geschichten an. Der Eintritt beträgt knapp 20 € pro Person.

Eine Bootsfahrt über die Themse

Eine Möglichkeit, die Stadt von einer anderen Perspektive aus zu betrachten: auf der Themse. Es gibt eine nahezu unendlich große Auswahl an Anbietern, mit denen Sie Ihre Tour starten können. Der große Vorteil gegenüber Stadtrundfahrten via Bus ist die Unabhängigkeit vom städtischen Verkehr. Gleichzeitig sehen Sie vom Boot auch einen Großteil der Londoner Wahrzeichen. Empfehlenswert ist eine solche Tour allemal, jedoch vielmehr als Ergänzung zum Hop-on-hop-off-Bus. In den meisten Kombitickets ist die Fahrt sogar enthalten (mehr Informationen dazu im nächsten Kapitel).

SPAR- UND KOMBITICKETS

Der größte Fehler, den man in London machen kann, ist, für alle Sehenswürdigkeiten einzelne Tickets zu kaufen. Die oben jeweils genannten Preise sollen Ihnen ein Gefühl vermitteln, wie teuer einzelne Attraktionen sind – es gibt jedoch eine ganze Reihe von guten Angeboten für diverse Kombitickets, in denen jeweils der Eintritt zu vielen Attraktionen enthalten ist.

Am bekanntesten dürfte der „London Pass" sein. Dieser beinhaltet kostenfreien Zutritt zu über 80 Attraktionen der Stadt, darunter unter anderem der Tower of London, The Shard, eine Bootsfahrt auf der Themse, St. Pauls, Westminster Abbey, Shakespeare's Globe Theatre und das Wembley-Stadion. Seit Oktober 2018 ist zudem eine Hop-on-hop-off-Tour für einen Tag enthalten. Preislich liegt der London Pass in der Regel für einen Erwachsenen für einen Tag bei 85 €, für zwei Tage bei 112 €, für drei Tage bei 127 € und für sechs Tage bei 153 €. Kinder ab elf Jahren bekommen die Tickets günstiger, Kinder unter elf Jahren zahlen gar nichts. Hier zwei kleine Tipps: Der London Pass wird regelmäßig im Sale angeboten, in dem Sie bis zu 20 % sparen können – warten Sie einige Zeit ab und schauen Sie immer mal wieder nach den aktuellen Angeboten. Versandkosten können Sie sparen, indem Sie die zum Pass dazugehörige App nutzen und ihn sich als e-Ticket darin herunterladen. Die App ist darüber hinaus praktisch bei der Nutzung Ihres London-Passes.

Sehr ans Herz legen möchte ich Ihnen darüber hinaus ein Ticket für einen der vielen „Hop-on-hop-off-"-Busse für eine Stadtrundfahrt. Meiner Meinung nach ist das die mit Abstand beste Möglichkeit, in kurzer Zeit möglichst viel von London zu sehen. Das Prinzip ist simpel: Sie können auf der Route des Busses ein- und aussteigen, so oft Sie möchten – und das an jeder beliebigen Haltestelle. Der Bus fährt dabei verschiedene Routen, die meist mit verschiedenen Farben gekennzeichnet sind. Schauen Sie sich die Routen vorher an und entscheiden Sie dann, welchen Anbieter Sie für Ihre Tour wählen! Ein Ticket gilt in den meisten Fällen 24 Stunden und kostet, je nach Anbieter, umgerechnet zwischen 25 und 30 €. Dabei gibt es wiederum Kombinationen mit anderen Attraktionen wie dem London Eye, einer Bootsfahrt oder Madame Tussaud's, diese sind dann aber eben etwas teurer (z. B. der London-Pass). Hier gibt es immer wieder Angebote: Schauen Sie im Vorfeld Ihrer Reise immer wieder ins Internet und schlagen Sie bei einem guten Angebot zu.

Grundsätzlich gibt es pauschal nicht das „perfekte" Kombiticket. Es kommt auf Ihre Vorlieben und Interessen an, welches der Angebote sich für Sie persönlich am meisten lohnt. Mein Tipp: Machen Sie sich vor Reiseantritt eine Liste mit Orten und Attraktionen, die Sie unbedingt sehen oder besuchen möchten, und schauen Sie anschließend im Internet nach, welches der Kombitickets die meisten davon inkludiert. So ist garantiert, dass Sie nicht viel Geld für uninteressante Dinge ausgeben.

KULTUR

Die Londoner Mentalität

Manch einer mag einen Ausflug nach Großbritannien als „Kulturschock" bezeichnen. Auch, wenn die britische Insel geografisch gesehen gleich nebenan liegt, so ist die Mentalität der Engländer zweifelsohne einzigartig. Die Briten ticken anders als wir Deutschen – sie fahren mit ihren Autos auf der falschen Seite der Straße, trinken literweise Tee und lieben schwarzen Humor. Dazu sind sie für ihre außergewöhnlich Höflichkeit bekannt: Zu den meist verwendeten Wörtern zählen „Excuse me" und „Thank you".

Das ist in London nicht anders. Jedoch prägt das Großstadtleben die Mentalität der Einwohner sehr. Wie die meisten Metropolen ist auch London eine Stadt der tausend Gesichter. Unzählige Kulturen und Nationalitäten prallen hier aufeinander. Es gibt nichts, was es in London nicht gibt, und das Schöne daran: Alles ist erlaubt. Die Londoner sind individuell, aber sehr tolerant.

Fremdsprachen dagegen machen ihrem Namen hier alle Ehre. Trotz der Multikulturalität wird von gebürtigen Londonern überwiegend eine einzige

Sprache gesprochen – und das ist Englisch. Es wird als selbstverständlich vorausgesetzt, dass sich auch Touristen damit arrangieren. Hoffen Sie also nicht darauf, dass Ihnen jemand auf Deutsch weiterhelfen kann ...

Und die Queen? Vielleicht mag es Sie überraschen, aber die Royals haben keinen so großen Einfluss auf das Leben der Londoner, wie man annehmen mag. Zwar sind sie in der Stadt heiliggesprochen und zählen zu den stärksten Touristenmagneten überhaupt – den Alltag der Bevölkerung prägt aber der Trainer des FC Chelsea mehr als Queen Elizabeth.

Generell beschränken sich die Gesprächsthemen innerhalb der Stadt zumeist auf die Verkehrs- und Wohnsituation. Mit einer Milliarde Passagieren pro Jahr droht London einmal mehr ein Verkehrskollaps und dazu kommen die immerwährenden technischen Probleme der Underground. Gleichzeitig können sich junge Leute keine Wohnung mehr leisten, da die Immobilienpreise in letzter Zeit durch die Decke geschossen sind.

Do's und Don'ts

Es macht durchaus Sinn, sich im Vorfeld eines Besuchs in London über gängige Umgangsformen und (Benimmregeln) zu informieren. So erspart man sich möglicherweise peinliche Fauxpas. Hier habe ich ein paar der wichtigsten Do's and Don'ts aufgelistet, an die Sie sich möglichst halten sollten.

Seien Sie freundlich.

Engländer legen großen Wert auf gutes Benehmen. Höflichkeit und Gastfreundschaft sind Ihnen wichtig. Daran sollten Sie sich anpassen und lieber einmal öfter „Thank you" oder „Excuse me" sagen.

Fragen Sie ruhig nach Hilfe.

Londoner sind sehr zuvorkommend. Zögern Sie nicht, diese Hilfsbereitschaft anzunehmen, aber vergessen Sie nicht, sich im Anschluss höflich dafür zu bedanken.

Bereiten Sie sich auf jedes Wetter vor.

Wo immer Sie hingehen, nehmen Sie sowohl einen Regenschirm als auch eine Sonnenbrille mit. In London schlägt das Wetter schnell und willkürlich um.

Seien Sie niemals unpünktlich.

Pünktlichkeit ist hier das A und O. Achten Sie darauf besonders – egal, ob es sich um Führungen oder um Restaurantbesuche handelt.

Vermeiden Sie das „Peace-Zeichen".

In London bedeutet diese Geste dasselbe wie der erhobene Mittelfinger in Deutschland. (Seien Sie deshalb besonders vorsichtig, wenn Sie im Pub zwei Drinks bestellen…)

Vordrängeln – eine der größten Sünden in Warteschlangen. Londoner sind sehr geduldig und erwarten dasselbe von Ihnen.

Behalten Sie Witze über die Royals lieber für sich.

Sie werden in London wie Heilige verehrt. Machen Sie sich über einen der Royals lustig, kommt das einer Beleidigung der Bürger gleich. Einzige Ausnahme: Prinz Charles.

Schauen Sie beim Überqueren der Straße nicht (nur) nach links.

Das tun wir in Deutschland intuitiv. Doch bedenken Sie: In England herrscht Linksverkehr. Schauen Sie daher stets nach rechts, wenn Sie über die Straße gehen möchten.

Warten Sie in einem Pub nicht auf den Kellner.
Man holt sich seine Getränke in London direkt an der Bar.

Kritisieren Sie die englischen (Wohn-)Standards nicht.
Denn dass die trotz der absurd hohen Mieten alles andere als zufriedenstellend sind, wissen die Londoner selbst am besten.

Stehen Sie in U-Bahn-Stationen niemals auf der falschen Seite der Rolltreppe.
Die Stationen der London Underground sind oft überfüllt. Die ungeschriebene, aber sehr wichtige Regel lautet: Auf der Rolltreppe reiht man sich grundsätzlich rechts ein, um denen Platz einzuräumen, die es etwas eiliger haben.

Benutzen Sie im öffentlichen Raum kein Stativ.

An die Fotografen unter Ihnen: Es ist streng verboten, in der Stadt zum Fotografieren ein Stativ zu benutzen. Gemäß Artikel 44 des Anti-Terror-Gesetzes sind Fotografen potenzielle Terroristen. Hält man sich nicht an die Regel, wird man recht schnell des Platzes verwiesen. Wirklich strafbar ist der Verstoß allerdings nicht. Möchte man dennoch nicht vollständig auf die Kamerahalterung verzichten, bietet sich ein kleineres, bewegliches Stativ an.

Museen

In London findet sich eine Vielzahl an Museen, die sich mit den verschiedensten Themenbereichen beschäftigen. Von Technik über Kunst bis zur Naturwissenschaft, von einfachen Exponaten bis hin zu interaktiven Ausstellungen ist für jeden Geschmack etwas dabei.

Besonders an den für London typischen Regentagen bietet sich ein Besuch in einem der beeindruckendsten Museen Europas an. Und das Beste: Die allermeisten Museen, insbesondere solche mit Dauerausstellungen, sind komplett kostenlos. Die Betreiber bitten lediglich um eine freiwillige Spende.

Der Stadtteil South Kensington beheimatet in der Exhibition Road gleich drei bekannte Museen.

Das Victoria and Albert Museum ist für seine antiken Kunstschätze und Skulpturen bekannt. Das Museum gliedert sich grob in die fünf Themenbereiche Europa, Asien, Ausstellungen, Materialien & Techniken sowie Moderne. Neben einer ganzen Menge an Kunstwerken kann man hier unter anderem Gipsabdrücke der in Rom stehenden Trajanssäule sowie des Portals der Kathedrale Santiago de Compostela begutachten.

Das wohl bekannteste und beliebteste Museum in London ist ohne Zweifel das Natural History Museum. Das romanische Gebäude beheimatet, wie der Name schon sagt, Exponate über die Geschichte der Naturwissenschaften sowie der Erde im Allgemeinen. Unter den knapp 70 Millionen Ausstellungsstücken finden sich unter anderem Dinosaurierskelette, Fossilien sowie ein Erdbebensimulator. Daneben erzählt das Museum die Geschichte des britischen Naturforschers Charles Darwin, der als Entdecker der Evolutionstheorie gilt. Besonders beeindruckend ist zudem die riesige Haupthalle des Museums, in der ein etwa 30 Meter langes Blauwalskelett hängt.

Gleich um die Ecke befindet sich auch das Science Museum. Wer Ausstellungen gern etwas interaktiver mag, ist hier gut aufgehoben. Besonders für Familien ist dieser Ort ideal, da viel ausprobiert und selbst entdeckt werden kann. Gegenstand der Ausstellung sind Forschung und Technik; im Einzelnen können Besucher Ausstellungen in den Bereichen Elektronik, Luftfahrt, Astronomie und Meteorologie bestaunen.

Wer etwas über die Londoner Geschichte erfahren möchte, sollte einen Blick in das Museum of London im zentralen Stadtteil City of London werfen. Dort wird, eingeteilt in vier Zeitepochen, die Entwicklung des Stadtgebiets inklusive wirtschaftlicher und sozialwissenschaftlicher Aspekte näher beleuchtet. In dem Zusammenhang sind Originalteile der ehemaligen Stadtmauer ausgestellt.

Falls Sie etwas über die Kulturgeschichte erfahren möchten, sollten Sie das British Museum in Bloomsbury besuchen. Über sechs Millionen Ausstellungsstücke dokumentieren die Anfänge und die Entwicklung der menschlichen Kultur. Ganz nebenbei sind der Innenraum des Museums und insbesondere das Kuppeldach ein architektonisches Highlight.

Das ehemalige Herrenhaus namens Kenwood

House im nördlichen Hampstead Heath ist Teil des English Heritage und steht Besuchern heute zur Besichtigung offen. Besonders beliebt ist die Gemäldesammlung im Innern des Bauwerkes, die unter anderem ein Selbstportrait von Rembrandt enthält. Dem ein oder anderen unter Ihnen wird das Gebäude durch den Film „Notting Hill" bekannt vorkommen, da Teile des Films hier gedreht wurden.

Für die Kunstliebhaber unter Ihnen wird die National Gallery am Trafalgar Square ein echtes Highlight sein. Von da Vinci bis van Gogh sind hier über 2000 berühmte Gemälde ausgestellt, die zwischen dem Mittelalter und dem 20. Jahrhundert gemalt wurden.

Wer die moderne Kunst bevorzugt, ist etwas weiter südlich im Tate Modern an der richtigen Adresse. Direkt an der Themse gelegen bietet dieses Museum vor allem abstraktere Werke und, ganz nebenbei, genießen Sie im Café des Gebäudes eine wunderschöne Aussicht auf die Londoner Skyline.

Die oben aufgeführten Museen bieten allesamt kostenlosen Eintritt.

Shopping

London ist bekannt dafür, dass neue Mode-Trends hier als erstes präsentiert werden. Zweimal jährlich findet die London Fashion Week statt und auch sonst ist die britische Hauptstadt eine der ersten Adressen, wenn es um Shopping geht. In diesem Kapitel erfahren Sie, wo was zu finden ist – von großen Einkaufszentren über belebte Einkaufsstraßen bis hin zu Secondhand-Märkten; von Flagship-Stores bis hin zu außergewöhnlichen Läden und Outlets. Lassen Sie sich inspirieren und nehmen Sie ein paar Geheimtipps mit!

Grundsätzlich lässt sich aber Folgendes sagen: Je nachdem, welcher Shopping-Typ Sie sind, bieten sich Ihnen verschiedene Viertel besonders an. Mögen Sie aktuelle Trends und gehen gerne in großen Stores und Kaufhäusern shoppen, sollten Sie das „Harrods" sowie die Oxford Street besuchen; bevorzugen Sie dagegen Alternatives und Außergewöhnliches, werden Ihnen die Geschäfte und Märkte im Osten Londons, in Shoreditch und Brick Lane, mehr zusagen.

Einkaufsstraßen

Die mit Abstand berühmtesten und belebtesten Einkaufsstraßen Londons sind die Oxford Street und die Regent Street. Die beiden Straßen kreuzen sich am Oxford Circus, dessen U-Bahn-Haltestelle zu den vollsten überhaupt zählt.

Die anderthalb Kilometer lange Oxford-Street beginnt an der Haltestelle Marble Arch, wo Sie wunderbar Ihre Shoppingtour starten können. Die Straße bietet in verschiedenen Preisklassen alles, was das Herz begehrt. Angefangen bei einer riesigen Primark-Filiale und dem gigantischen Kaufhaus „Selfridges" (dazu mehr im nächsten Kapitel) sind hier Stores der Marken Top Shop, Omega, Zara, Adidas, River Island, New Balance, Marks and Spencer, H & M und vielen weiteren zu finden. Außerdem befindet sich hier die „Nike Town", der Flagship-Store des amerikanischen Sportartikelherstellers mit drei Etagen voller Sportbekleidung und -schuhe.

Aber Achtung: So bekannt, wie die Oxford Street ist, so voll ist sie auch – besonders an Samstagen sowie wochentags am frühen Abend empfiehlt es sich, sie zu meiden!

Wenn Sie eher auf der Suche nach etwas

Exklusivem sind, sollten Sie ein paar Schritte durch die Bond Street gehen. Parallel zur Regent Street befindet sich hier die teuerste Einkaufsstraße Londons, die Läden wie Dolce & Gabbana, Chloe, Louis Vuitton, Chanel oder Victoria's Secret beheimatet, um nur ein paar zu nennen. Auch Juweliere gibt es hier wie Sand am Meer.

Nur einen Steinwurf entfernt, im Stadtteil Soho, befindet sich die ebenfalls ziemlich bekannte Carnaby Street. Im Gegensatz zu den riesigen Shoppingmeilen an der Oxford Street ist sie eine Fußgängerzone, in der dementsprechend kein Autoverkehr herrscht. Das macht den Bummel etwas angenehmer. Die Carnaby Street ist nur knapp 200 Meter lang, bietet aber dennoch zahlreiche Shoppingmöglichkeiten. Ansässig sind bekannte Modemarken wie Levi's, Diesel, Pepe Jeans, Replay, The North Face oder Puma, aber auch außergewöhnliche und weniger bekannte Shops wie der Schuladen „Irregular Choice" oder „Monki", der Damenmode anbietet. Neben Modeläden findet man auch zahlreiche Pubs und Cafés wie das „Shakespeare's Head", der bekannteste und älteste Pub in der Gegend.

Wie oben angekündigt, werden sich diejenigen

unter Ihnen, die auf der Suche nach Einzigartigem sind, eher in Shoreditch und Brick Lane wiederfinden. In den Straßen dieser Viertel sind viele kleine Boutiquen und Secondhand-Läden ansässig, zum Beispiel in der Umgebung der Old Street sowie die direkt auf der Brick Lane liegenden Vintage-Läden. Nicht zuletzt ist der Old Spitalfields Market ist ein besonderer und sehr authentischer Ort, den man gut mit ein paar außergewöhnlichen Kleidungsstücken und Souvenirs verlassen kann.

Einkaufszentren

Eines der Dinge, die Sie sich in London auf keinen Fall entgehen lassen sollten, wenn Sie shoppingbegeistert sind: Ein Bummel durch das „Harrods", eines der größten Kaufhäuser Europas. An guten Tagen werden die mehr als 330 Abteilungen von bis zu 300.000 Kunden besucht, jährlich sind es etwa 15 Millionen. Es befindet sich im Stadtviertel „Knightsbridge" im Westen der Innenstadt, südlich direkt an den Hyde Park angrenzend.

Kaufen kann man hier, angefangen bei Mode und Schmuck bis hin zu Souvenirs, Spielwaren und Lebensmitteln, nahezu alles. Jedoch hat die gebotene Exklusivität auch ihren Preis – achten Sie also genau auf die Preisschilder, wenn Ihnen etwas gefällt. Das Harrods akzeptiert übrigens auch die Bezahlung in Euro!

Allerdings ist selbst die reine Besichtigung des Kaufhauses ihre Zeit schon wert: Außen machen die etwa 12.000 Glühbirnen die Fassade des Harrods in den Abendstunden zu einem Spektakel – innen wird beispielsweise für Kinder um die Weihnachtszeit zusätzlich zur ohnehin schon riesigen Spielwarenabteilung eine Spielzeugmesse erbaut, die die Etage in ein wahres Paradies verwandelt. Im Erdgeschoss können Sie währenddessen Lebensmittelspezialitäten aus aller Herren Länder genießen.

Ein kleiner Tipp vorab: Es gibt einen Dresscode beim Betreten des Kaufhauses. Besucher in zerrissenen Jeans oder Sportshirts werden bereits am Eingang abgewiesen, auch Rucksäcke dürfen nicht auf dem Rücken getragen, sondern müssen in der Hand gehalten werden. Auch jugendliche Gruppen sind nicht gern gesehen.

Daneben ist auch das Westfield-Center immer eine gute Adresse. Das gibt es zweimal in der Stadt: im Osten in Stratford und im Westen in Shepherd's Bush. Hier befinden sich jeweils über 300 Shops sowie 50 gastronomische Einrichtungen auf etwa 150.000 m^2 unter einem Dach; sogar ein Kino ist hier vertreten.

Auch direkt in der Oxford Street befindet sich ein großes Kaufhaus, genauer gesagt, direkt nach dem Harrods das zweitgrößte Londons: Selfridges. Das Highlight hier sind die Schuhabteilungen, die zu den größten der Welt gehören. Allein das Lager für Damenschuhe umfasst über 100.000 Exemplare von über 100 verschiedenen Marken wie Michael Kors, Valentino, Timberland oder Nine West.

Natur & Parks

London ist trotz seiner Größe die mit Abstand grünste Stadt Europas. Unzählige kleine und große Parks und Grünanlagen reihen sich hier aneinander. Die mit 1,4 km^2 größte und bekannteste davon ist mit Abstand der Hyde Park. Er gehört zur „grünen Lunge" der Stadt und enthält zum Beispiel einen über elf Hektar großen See, die „Serpentine", in der man schwimmen oder rudern kann. Die riesigen Rasenflächen laden zum Picknicken oder Spazieren ein. Ein Highlight im Park ist die Vielzahl an Eichhörnchen, die so zahm sind, dass sie Ihnen aus der Hand fressen oder sich sogar auf Ihre Schulten setzen.

Keine Angst, sie sind harmlos!

Weitere tolle Parks sind die Kensington Gardens (dazu im Kapitel „Geheimtipps" mehr), in dessen Palast William und Kate wohnen, der St. James's Park direkt im Buckingham Palace sowie der auf einem Hügel gelegene Hampstead-Heath-Park etwas nördlich der Innenstadt.

Sportler schätzen besonders den Regent's Park: Bei gutem Wetter wird hier Rugby, Fußball oder Tennis gespielt; auch Läufer nutzen den Park gerne für eine Joggingrunde.

Unterkünfte

Grundsätzlich gibt es in London wie in jeder anderen Stadt zahlreiche Übernachtungsmöglichkeiten. Von Hotels über Hostels bis hin zu Airbnb-Angeboten ist für jeden Geldbeutel etwas dabei, wobei zu bedenken ist, dass London tendenziell eine eher teure Stadt ist. Je nach Saison sind die Angebote und Preise unterschiedlich, sodass es schwer ist, eine pauschale Empfehlung auszusprechen.

Reist man mit mehreren Personen an, lohnt sich jedoch fast immer eine Buchung über Airbnb. Das Portal bringt private Vermieter mit Suchenden zusammen. Hier werden in der Regel keine einzelnen, identischen Zimmer, sondern echte Wohnungen von Londonern vermietet, die meist auch noch sehr zentral liegen und preislich wirklich in Ordnung sind. Ziehen Sie die Möglichkeit in jedem Fall in Betracht und durchstöbern Sie die Website von Airbnb einmal nach passenden Angeboten!

Zwei Beispiele für hotelähnliche Unterkünfte der eher unteren Preisklasse sind die Hotelketten „Point a Hotel" sowie „Travelodge". Beide bieten Übernachtungen an zahlreichen Standorten über die Stadt verteilt an. Die Zimmer sind solide eingerichtet und sehr sauber, worauf ich persönlich immer den größten Wert lege, dafür aber nicht sehr groß.

Noch einen Tick günstiger übernachtet man in einem der „easyHotel". Hier enthalten die Zimmer wirklich nur das Nötigste: Bett, Dusche und Toilette. Darüber hinaus gibt es einige Zimmer ohne Fenster, die teilweise schon für 39 Pfund pro Nacht zu haben sind. Das ist für Londoner Verhältnisse in Kombination mit einer relativ zentralen Lage ein unschlagbarer Preis, jedoch muss man genau überlegen, ob es einem das fehlende Tageslicht wert ist.

Die allergünstigste Übernachtungsmöglichkeit

ist und bleiben Studentenwohnheime. Was zunächst etwas absurd klingt, ist in London aber Realität, denn: Während der Sommerferien werden die Zimmer auch an Nicht-Studenten, sprich Touristen, vermietet. Dazu lohnt sich ein Blick auf die Homepage der London School of Economics and Political Science (LSE), die den Service anbietet (https://www.lsevacations.co.uk/Home.aspx).

Hier noch ein paar Tipps, die es bei der Wahl der Unterkunft zu beachten gilt: Auf den klassischen Vergleichsportalen finden Sie den Großteil der angebotenen Zimmer. Manche entdeckt man jedoch nur auf hoteleigenen Homepages, auf denen Zimmer in der Regel auch günstiger angeboten werden. Nehmen Sie sich daher auf jeden Fall ausreichend Zeit, um die Preise zu vergleichen!

Kulinarisches

CAFÉS

Wenn es in London doch nur alles so viel gäbe wie schmucke Cafés ... im Ernst, ich könnte hier eine Liste mit unzähligen kleinen, gemütlichen Coffee Shops anführen. Hier sind meine fünf Favoriten:

Das „London Grind" – die Lage ist unschlagbar. Direkt neben der London Bridge und ganz in der Nähe vom Wolkenkratzer „The Shard" haben Sie bei einem fantastischen Kaffee einen super Ausblick auf die Themse. Also, zurücklehnen und genießen! Es gibt das Café übrigens noch an zwei weiteren Standorten: „Holborn Grind" in Holborn sowie das „Shoreditch Grind" in Shoreditch. Einfach mal Google fragen!

Mitten im Stadtviertel Soho befindet sich das „Damson & Co". Eine schöne Inneneinrichtung und guter Kaffee machen diesen Ort zu einem Juwel. Der Flat White ist ein echtes Highlight! Und ganz nebenbei kann man hier auch sehr gut essen (auch vegetarisch, vegan und glutenfrei!).

Weiterhin kann ich Ihnen „Prufrock Coffee" sehr ans Herz legen. Mitten auf dem Street-Food-Markt auf der Leather Lane in der ruhigen Gegend Holborn befindet sich dieses bekannte und beliebte Café. Die zahlreichen Auszeichnungen, die es in der Vergangenheit erhalten hat, kommen nicht von ungefähr. Der Kaffee schmeckt ausgezeichnet, und: die Zubereitung ist frei wählbar. Wer allerdings kein ausgebildeter Kaffeefeinschmecker ist, sollte sich hier an den Rat des Baristas halten. Die Einrichtung ist industriell gehalten; trotzdem ist die Atmosphäre gemütlich. Die Mitarbeiter sind super freundlich!

Ein Ort, an dem man gerne strandet, ist das „Coffee Island" im Herzen von Covent Garden. Das Besondere hier ist die Nähe zum Kaffee: Sie können bei der Zubereitung Ihres Lieblingskaffees live zuschauen und die kompetenten Baristas dabei mit

Fragen löchern, wenn Sie möchten. Auf zwei Etagen können Sie in schöner Atmosphäre daneben auch leckeren Kuchen und sonstige Snacks genießen. Außerdem verkauft das Café viele, darunter auch eigene, Kaffeeröstungen!

Gleich an der Tower Bridge befindet sich eines meiner absoluten Lieblingscafés in London – das „White Mulberries". Hier gibt es nicht nur den mit Abstand besten Kaffee der Stadt, sondern das Café liegt auch noch direkt am Wasser. Die Rede ist hier nicht von der Themse, sondern vom Yachthafen „St. Katharine Docks" – eine traumhafte Lage! Und obwohl der Hafen ein echter Schatz inmitten des Großstadtdschungels ist, musste ich feststellen, dass ihn zum Teil nicht einmal Eingeborene kennen. Wie dem auch sei, im „White Mulberries" gibt es nicht nur Kaffee, sondern auch allerlei leckere Sandwiches und Kuchen. Eine feste Karte gibt es hier nicht, stattdessen sind die Sandwiches jeden Tag anders belegt. Lassen Sie sich überraschen!

RESTAURANTS

Zugegeben, die englische Küche hat nicht den besten Ruf. London dagegen ist eine absolute Ausnahme, denn hier entstehen regelmäßig neue kulinarische Trends, die sich von dort aus in alle Welt ausbreiten.

Eines vorweg: Wie in allen Bereichen hat auch das Essen in London seinen Preis. Eine Möglichkeit, zu sparen, gibt es allerdings in Form von Leitungswasser („tap water"), welches es zu jeder Mahlzeit kostenlos dazu gibt. Bezüglich des Trinkgeldes ist es in London gang und gebe, dass es unmittelbar auf den zu zahlenden Betrag aufgerechnet wird. Achten Sie speziell darauf und geben Sie nur dann zusätzliches Trinkgeld, wenn dies noch nicht in der Rechnung inkludiert ist.

Eine der populärsten Küchen in London ist die indische. Wenn Sie sich dort heimisch fühlen, besuchen Sie unbedingt das Restaurant „Dishoom" in Shoreditch, bei King's Cross, an der Carnaby Street oder in Covent Garden. Das Essen ist grandios, es gibt Frühstücks- und Mittagsspezialitäten und zum Nachtisch Köstlichkeiten wie Zimteis. Und: Chai Tee gibt es kostenlos!

Wer lieber mexikanische Köstlichkeiten mag, ist

im „Wahaca" genau richtig. Hier gibt es neben den klassischen Burritos auch Gerichte zum Abendessen, wie beispielsweise Taquitos (eingerollte Maistortillas, die mit Süßkartoffel und Guacamole gefüllt sind). Die Atmosphäre ist entspannt und gemütlich.

Die populärste Sushi-Kette in ganz London heißt „Itsu". Läden gibt es über die gesamte Stadt verteilt und hier ein absoluter Geheimtipp: Eine halbe Stunde vor Ladenschluss ist alles zum halben Preis zu haben!

Wo gibt es die besten Burger? Zweifelsohne ist das „Patty & Bun" in der Liverpool Street und in Soho ganz vorne dabei. Qualitativ sind die amerikanischen Burger überragend, dazu gibt es leckere Chicken Wings und verschiedene Milchshakes und Limonaden. Achten Sie zudem auf Aktionen – immer wieder werden Burger für 5 £ angeboten. Studenten bekommen außerdem grundsätzlich 20 % Rabatt. Daneben sollten Sie sich „Honest Burgers" merken: In einem der kleinen Restaurants habe ich den besten Burger der ganzen Stadt gegessen. Es wird keine riesige Auswahl an Burgern angeboten, dafür sind sie Weltklasse! Dazu gibt's hausgemachte Rosmarin-Pommes sowie einige Limonaden. Und das

Beste: Sie können dort, für Londoner Verhältnisse, ziemlich günstig essen.

Und vielleicht ist der eine oder andere unter Ihnen auch neugierig und möchte einmal die typisch britische Küche austesten? Als erstes kommt einem da natürlich das englische „Nationalgericht" Fish & Chips in den Sinn. DAS Kultrestaurant Londons, wenn es um Fisch geht, ist das „Poppie's Fish & Chips" in Spitalfields, Soho und Camden. In der Retro-Design-Ausstattung der 50-er Jahre genießen Sie tolles Essen. Etwas günstiger und trotzdem gut bekommen Sie Fish & Chips in der „Fish Lounge" in Brixton. Dazu sind die Portionen hier riesig – machen Sie sich also keine Sorgen, nicht satt zu werden!

Das älteste, rein englische, Restaurant ist das „Rules" mitten in Covent Garden. Es besteht seit 1798 und serviert heute allen voran Wild, Pies oder Austern. Die Gerichte sind allerdings nicht ganz günstig … eine andere gute Adresse ist „St. John Bread and Wine". Das ehemalige Räucherhaus in Spitalfields ist ein Paradies für Fleischliebhaber. Der Koch Fergus Henderson spezialisiert sich nach eigenen Aussagen auf „Kopf-bis-Fuß-Essen", sprich, jeder Teil des Fleisches ist essbar.

Die beste Adresse für günstiges, aber gutes Essen ist Chinatown. Dort gibt es nicht nur chinesische Küche, sondern beispielsweise auch einige indische All-you-can-eat-Büffets bereits ab 5 £!

STREET FOOD

Die beste Möglichkeit, sich gut und günstig durch das kulinarische London zu schlemmen, sind und bleiben Street-Food-Trucks oder -Stände auf mehr oder weniger bekannten Märkten. Dazu gehört allen voran der Camden Market, der allerdings oft sehr voll und touristenüberlaufen ist. Etwas weniger bekannt, aber dennoch nicht zu unterschätzen, ist beispielsweise der Bloomsbury Farmers Market, der donnerstags zwischen 9 und 14 Uhr öffnet.

Einige Märkte sind nicht immer und zu jeder Jahreszeit offen; ich kann Ihnen daher empfehlen, sich im Vorfeld via Internet zu informieren, wo der nächstgelegene Street-Food-Markt geöffnet hat!

PUBS

London ist bekannt für seine Public Houses – kurz Pubs – und Bars. Ein Pub-Besuch und ein Pint Bier gehören zweifelsohne zu einem Besuch der britischen Hauptstadt dazu!

Und: Wo es vor einigen Jahren „nur" eine Auswahl an Getränken gab, steht heute auch viel Essbares auf der Speisekarte. Essen und Trinken kann man demnach super bei einem Besuch im Pub kombinieren.

Aber welche Pubs sind wirklich gut? Nachfolgend finden Sie eine Auswahl der besten Pubs in ganz London.

Ganz oben auf der Rangliste steht das urige „Ye Olde Mitre" in Farringdon. Es befindet sich etwas versteckt in einer kleinen Gasse und besteht schon seit über 400 Jahren. Einmal betreten, fühlt man sich, als sei man mit einer Zeitmaschine gereist. Die Atmosphäre und das Flair im Innern des Pubs ist locker und gemütlich.

Unbedingt besuchen sollten Sie auch den Lieblingspub von Charles Dickens, das „Lamb & Flag" im Herzen von Covent Garden. Der 1772 eröffnete Pub diente Anfang des 19. Jahrhunderts als

Austragungsort für Faustkämpfe aller Art. Heute bietet der traditionsreiche Ort gute Getränke wie Real Ale und statt Kämpfen werden Jazznächte veranstaltet.

Wenn Sie in der Dämmerung gern ein kühles Bier mit einem beeindruckenden Ausblick auf die Themse kombinieren möchten, sind Sie im „Cutty Sark" richtig. Der über 200 Jahre alte gregorianische Pub liegt in Greenwich, die Terrasse direkt am Themseufer. Sonntags wird zudem traditionelles „Sunday Roast", eine Art Braten, serviert.

Achtung: Bis 2005 galt die sogenannte „Sperrstunde", die den Ausschank von Alkohol nach 23 Uhr verbietet. Auch, wenn sie heute offiziell abgeschafft ist, halten sich viele Gäste und Wirte weiterhin daran. Planen Sie Ihre Abendaktivitäten also lieber für etwas früher ein!

An- und Abreise

FLUG

L ondon verfügt über insgesamt fünf bedeutende Flughäfen, die jeweils von verschiedenen Fluggesellschaften genutzt werden.

London Heathrow, 24 Kilometer westlich der Stadt liegend, ist der größte Flughafen Großbritanniens und ganz Europas sowie der drittgrößte der Welt. Er bietet über 80 Airlines Starts und Landungen an. Vorwiegend wird er von größeren und international bekannten Fluggesellschaften angeflogen, darunter British Airways und die Lufthansa.

Gatwick rangiert mit etwa 38 Millionen Passagieren jährlich direkt dahinter. Er befindet sich ca. 40 Kilometer südlich der britischen Hauptstadt in

West Sussex und ist ein wichtiges Drehkreuz für Charterfluggesellschaften wie TUI Airways oder Thomas Cook Airlines, die nicht in Heathrow starten und landen dürfen.

Billigfluggesellschaften wie Ryanair und easyJet nutzen vorwiegend die Flughäfen London Stansted sowie London Luton. Das bedeutet, dass Sie dorthin mit Abstand am günstigsten fliegen. Beide Flughäfen liegen nördlich von London – Stansted in Essex, Luton im Stadtteil Wigmore der Stadt Luton.

Der Flughafen London City ist verhältnismäßig klein und für deutsche Passagiere eher unbedeutend, da er nur von sehr wenigen Fluglinien von Deutschland aus angesteuert wird und der Flug dorthin – nicht zuletzt aufgrund der sehr zentralen Lage des Flughafens – vergleichsweise teuer ist. Besonders bei Geschäftsreisenden ist der London City Airport dagegen sehr beliebt.

TRANSPORT VOM/ZUM FLUGHAFEN

Da die meisten Flughäfen, wie oben erwähnt, relativ weit außerhalb des Stadtzentrums liegen, stellt sich abgesehen vom Flug die Frage des Transports in Richtung Stadt. Auch hier gibt es wieder unzählige Möglichkeiten: Busse, Bahnen, die Tube, das Taxi oder private Transferunternehmen. Auch Uber bietet Transfers an – Vorteil dabei ist die zeitliche Flexibilität und die Schnelligkeit.

Die Transfermöglichkeiten können sich je nach Flughafen, von dem aus Sie ins Stadtzentrum reisen möchten, unterscheiden. Grundsätzlich gibt es aber von jedem der Londoner Flughafen aus sowohl einen Zug- als auch einen Bustransfer. Während der Zug nur etwa halb so lang wie der Bus braucht, ist letzterer meist ein ganzes Stück günstiger. Beide fahren jedoch sehr regelmäßig. Trotz allem lohnt sich die Buchung via Internet im Voraus immer. Das hat zwei Gründe: Einerseits haben Sie auf diese Weise einen reservierten Platz, sodass auch viel Verkehr am Flughafen kein Grund zur Sorge sein muss; andererseits können Sie bei Vorabbuchungen oft einen Teil des Ticketpreises sparen.

Bei Ankunft am Flughafen Heathrow kommt die Option der U-Bahn hinzu: Die Piccadilly Line hält in Transferzone 6 an gleich drei Stationen im Umfeld des Flughafens und benötigt von dort aus etwa eine Stunde bis in den Stadtkern.

FERNZUG

Wer mehr Wert auf umweltfreundliche Anreisemöglichkeiten legt, kann als Alternative zum Flugzeug auf den Zug umsteigen. Wo der knapp 50 Kilometer lange Ärmelkanal früher noch mit der Fähre überquert werden musste, was die ganze Reise ein wenig komplexer machte, kann er heute – genauer gesagt seit 1994 – bequem mit dem Zug durchfahren werden. Reisende aus Deutschland müssen mindestens einmal umsteigen – in Brüssel oder Paris. Verbindungen dorthin mittels ICE können bei der Deutschen Bahn eingesehen werden. Von Brüssel bzw. Paris aus verkehrt der „Eurostar" ...

Achtung: Planen Sie in Paris, Brüssel oder London genug Zeit für den Check-In ein. Genau wie an Flughäfen wird Ihr Gepäck durchleuchtet; Sie müssen ebenso einen Metalldetektor sowie die ganze Grenzkontrolle direkt im Bahnhof durchlaufen. Denken Sie an alle Dokumente!

Der internationale Bahnhof, an dem die Züge des „Eurostar" in London einfahren, ist St. Pancras International. Gemeinsam mit dem Bahnhof King's Cross bildet er einen der wichtigsten Verkehrsknotenpunkte Londons und liegt direkt im Herzen der Stadt, sodass Sie nach Ihrer Ankunft bequem von dort aus mit der U-Bahn in alle Richtungen fahren können.

Mobilität vor Ort

London verfügt über eines der bestausgebauten Transportnetze überhaupt, das jährlich von etwa 1,2 Milliarden Passagieren genutzt wird. Daher ist es nicht verwunderlich, dass jeder dritte Londoner Haushalt kein Auto besitzt.

Für den reibungslosen Ablauf sowie die Überwachung des öffentlichen Nahverkehrs ist die Londoner Verkehrsgesellschaft „Transport for London (TfL)" zuständig.

ÖFFENTLICHE VERKEHRSMITTEL

Das beliebteste und schnellste Transportmittel in London ist ohne Zweifel die U-Bahn, die sogenannte „Tube", die seit 1863 besteht. Sie verfügt über elf Linien (Bakerloo, Central, Circle, District, Hammersmith & City, Jubilee, Metropolitan, Northern, Piccadilly, Victoria sowie Waterloo & City), die über die ganze Stadt verteilt an insgesamt 270 Stationen halten und mit über 400 Kilometern das längste Schienennetz Europas darstellen. Die Tube fährt grundsätzlich von fünf Uhr morgens an bis Mitternacht. Wer nachts von A nach B kommen möchte, muss auf die Busse umsteigen, wobei seit 2016 auf den Linien „Central" und „Victoria" die sogenannte „night tube" existiert, die am Wochenende rund um die Uhr fährt.

Die Taktung der Züge ist auf den meisten Streckenabschnitten sehr eng und beträgt teilweise nur zwei Minuten. Da viele Einheimische mit der Tube zur Arbeit fahren, sind die Züge besonders zu den Stoßzeiten 7-9 Uhr morgens sowie 16-19 Uhr nachmittags brechend voll. In diesen Situationen ist es empfehlenswert, auch mal ein oder zwei Züge zu warten und später einzusteigen oder sogar gänzlich auf ein anderes Verkehrsmittel umzusteigen.

Im östlichen Stadtgebiet, rund um das ehemalige Hafengebiet der Docklands, fährt die Docklands Light Railway (DLR), eine komplett führerlose Bahn. Einen Großteil ihrer Strecke legen die Züge als Hochbahn zurück, sodass sich von hier ein wunderbarer Ausblick auf die Skyline von Canary Wharf mit seinen unzähligen Wolkenkratzern genießen lässt.

Eher nördlich und in Zone 2 (zu den Zonen finden Sie nähere Informationen im nächsten Abschnitt) verkehrt die „London Overground", ein Netz aus oberirdischen Zügen, die stark an die in Deutschland gängige S-Bahn erinnert. Erkennbar sind die dazugehörigen Züge an den typischen Farben orange und weiß, während das Markenzeichen der London Underground (die Tube) die Kombination aus rot und weiß ist.

Wer kurze Strecken zurücklegen möchte, steigt gerne einmal auf den Bus um. Weltbekannt ist der Anblick der roten Doppeldeckerbusse, die sich ihren Weg durch die Londoner Innenstadt bahnen. Das Busnetz der britischen Hauptstadt verfügt über 700 Linien, die zusammen täglich fünf Millionen Fahrten antreten. Auf den ersten Blick scheint das System ziemlich chaotisch, zumal es meist keine zeitgenauen Fahrpläne gibt. Stattdessen werden lediglich Intervalle angegeben, in denen der Bus verkehrt. Hier muss man im Zweifel abwägen, ob man auf den Bus wartet oder – sofern es sich um eine nicht zu lange Strecke handelt – lieber zu Fuß geht. Letztere Art und Weise hat den Vorteil, dass man ganz nebenbei viele Eindrücke der Stadt sammelt, die man durch das Busfenster nicht in derselben Intensität wahrnehmen kann. Ein weiterer Nachteil des Busses ist der Straßenverkehr: In der Hauptverkehrszeit – sprich, morgens und nachmittags – haben Busse oft ihre Probleme und kommen nur langsam voran. Nichtsdestotrotz gehört die Fahrt mit einem roten Doppeldeckerbus zweifelsohne zu den Dingen, die man während eines Besuchs in London einmal gemacht haben sollte!

Kleine Anmerkung: Die Linie 93 fährt auf ihrer Strecke an fast allen bedeutenden Sehenswürdigkeiten vorbei ...

Zu guter Letzt ist auch das typisch schwarze Londoner Taxi, das „Black Cab", nicht zu vergessen, auch, wenn es sich aufgrund der Preise nicht als alltäglisches Transportmittel eignet. Ob ein Taxi gerade frei ist, erkennen Sie am Leuchten des gelben „TAXI"-Symbols über der Windschutzscheibe. Eine Fahrt kostet mindestens £ 2.40; Zusatzgebühren können für die Kartenzahlung anfallen.

Wussten Sie, dass Londoner Taxifahrer wahre Genies sind? Um ihre Fahrerlizenz zu erhalten, müssen sie über 25.000 Straßennamen und 20.000 sehenswerte Orte in London im Gedächtnis haben und noch dazu die kürzeste Route dorthin ohne Navigationsgerät fahren können!

FAHRKARTEN

Der Großraum London verfügt über 9 Tarifzonen. Das sind das Stadtzentrum als Zone 1 sowie weitere acht Zonen, die ringförmig um das Zentrum herum liegen. Jede Haltestelle der öffentlichen Verkehrsmittel kann einer Zone zugeordnet werden – prüfen Sie daher vor dem Kauf des Tickets genau, welche Zonen Sie nutzen (möchten). Dabei befinden sich die allermeisten Sehenswürdigkeiten und sonstigen touristischen Ausflugsziele jedoch in den Zonen 1 und 2, dem Stadtzentrum. Kinder unter elf Jahren fahren grundsätzlich kostenlos.

Abgesehen von der Einzelfahrkarte, die aber kaum jemand nutzt, weil sie viel zu teuer ist, gibt es zwei Alternativen von Zeitkarten: Die London Travelcard sowie die Oyster Card. Beide haben ihre Vor- und Nachteile, sodass nicht pauschal eine der beiden Karten stärker empfohlen werden kann als die andere.

Mit der Travelcard, einem Ticket aus Papier, können Sie alle öffentlichen Verkehrsmittel nutzen, die Sie möchten. Sie deckt entweder einen, zwei, drei oder sieben Reisetage in Folge ab und ist gültig für die Zonen, die Sie im Vorfeld auswählen. Darüber hinaus erhalten Sie mit diesem Ticket vergünstigte Fahrten mit dem „Thames Riverboat" sowie der Seilbahn der „Emirates Air Line". Preislich macht es einen Unterschied, zu welchen Uhrzeiten Sie Ihre Fahrten antreten möchten. Als sogenannte „Peak Time" wird die Zeit vor 09:30 Uhr bezeichnet – hier sind die Verkehrsmittel besonders voll. Wenn Sie erst nach der Peak Time in die Tube steigen möchten, sparen Sie beispielsweise knapp 6 € für die Travelcard in den Zonen 1-4.

Das große Plus ist hier die Flatrate – Sie können im gebuchten Zeitraum so viele Fahrten antreten, wie Sie möchten. Ein Nachteil dieses Tickets ist die Auswahl: Wie oben schon genannt, ist die Card nur für ganz bestimmte Reisezeiträume erhältlich. Zudem können Sie bei einer Aufenthaltsdauer von einem bis drei Tagen lediglich zwischen den Tarifen „Zone 1-4" und „Zone 1-6" wählen, während die Wochenkarte alle möglichen Radien anbietet.

Ein anderes, aber ebenfalls einfaches, Prinzip verfolgt die elektronische Oyster Card. Sie funktioniert wie eine Prepaid-Karte. Das bedeutet, Sie laden sie mit Guthaben auf, von dem für jede Fahrt ein bestimmter Betrag abgebucht wird – das Konzept nennt sich „pay as you go". Dazu gibt es an jeder U-Bahn-Station sowie in jedem Bus spezielle Lesegeräte, an die Sie Ihre Oyster Card zum Bezahlen halten. Die Ausstellung der Card kostet einmalig £ 5.

Der Vorteil der Oyster Card ist, dass ein bestimmtes Tageslimit (in den Zonen 1-2 sind es £ 7), das nicht überschritten werden kann. Sobald Sie dieses erreicht haben, fahren Sie alle weiteren Strecken kostenlos. Kaufen und aufladen können Sie Ihre Oyster Card ganz bequem an jedem Ticketautomaten sowie in speziellen Oyster Ticket Shops und Reiseinformationszentren des TfL. Das große Plus der Oyster Card ist die Freiheit, kurzfristig entscheiden zu können, wo es hingehen soll: Sie sind an keine Zone gebunden. Entscheiden Sie sich kurzerhand, Wimbledon oder das Wembley-Stadion zu besuchen, so können Sie dies ganz einfach tun.

Bei einer Reisedauer von beispielsweise zwei Tagen zahlen Sie als Erwachsener für die Travelcard umgerechnet 31,50 € für die Zonen 1-4 (Peak, ganztägig) bzw. die Zonen 1-6 (Off-Peak, ab 09:30 Uhr). Für den gleichen Zeitraum kostet Sie die Oyster Card in den Zonen 1-4 27,40 € (Tageslimit an zwei Tagen). Aber: Wenn Ihnen der Aufenthalt im Stadtzentrum ausreicht, können Sie im Rahmen der Oyster Card auch einen Tarif für die Zonen 1-2 wählen (das wären nur 9€ am Tag).

Bei einer Reisedauer von sieben Tagen sieht es anders aus – hier können Sie auch bei der Travelcard den Stadtzentrum-Tarif wählen (42 € für sieben Tage), wohingegen Sie die Oyster Card weiterhin 9 € am Tag und damit ganze 63 € für den genannten Zeitraum kosten würde.

Sie sehen: Die Travelcard eignet sich bei

längeren Aufenthalten besonders gut, da die Preise pro Tag mit zunehmender Reisedauer sinken.

Alles in allem sind beide Karten auf ihre eigene Art und Weise vorteilhaft. Die Travelcard eignet sich dann besonders gut, wenn Sie sich ausschließlich in den zentralen Zonen 1-3 aufhalten möchten oder Ihren Aufenthalt für mehrere aufeinanderfolgende Tage buchen (dann eignet sich eine Wochenkarte). Die Oyster Card dagegen ermöglicht eine uneingeschränkte Flexibilität und Spontaneität und ist desto vorteilhafter, je kürzer die Reisedauer (weniger als drei Tage) oder je weiter außerhalb Londons das Ausflugsziel liegt (Zone 7 und weiter).

Geheimtipps

Nicht die Sehenswürdigkeiten sind das, was die Stadt zu dem macht, was sie ist, sondern vielmehr die ganz besonderen Orte außerhalb des Trubels und der touristischen Hotspots.

Ein solcher Ort zum Beispiel sind die „Leadenhall Markets", eine überdachte Gasse direkt in der City. Nach Feierabend verschlägt es die Londoner oft für ein oder zwei Bier hierher; auch essen kann man hier gut. Außergewöhnlich ist die Architektur: Wer sich mit Harry Potter auskennt, wird die starke Ähnlichkeit zur „Winkelgasse" feststellen, in der die

Zauberer Ihre Utensilien kaufen. Und das hat seinen Grund: Die Filmgasse orientierte sich stark an den Leadenhall Markets. Einige Filmszenen wurden sogar hier gedreht!

Wer dem regen Treiben der Großstadt einmal kurz entkommen möchte, kann sehr gut einen Zwischenstopp im „Neal's Yard" einlegen. Auf diesen Ort bin ich rein zufällig während eines Fußmarschs durch die Straßen Londons gestoßen – mitten in Covent Garden. Von der Straße aus ist der kleine Platz kaum zu sehen, aber wer ein paar Schritte in den Hinterhof hinein geht, findet sich in einer bunten Oase wieder. Neben den farbigen Gebäuden, Bänken und ganz viel Grün sind hier einige Cafés und kleine Läden ansässig, in denen Sie unter anderem organische Produkte (Kosmetik, Käse, Seife) kaufen und vegan essen können.

Von den U-Bahn-Stationen Covent Garden sowie Tottenham Court Road sind es jeweils nur wenige Gehminuten bis zum Neal's Yard, die umliegenden Straßen eignen sich darüber hinaus gut zum Bummeln.

FÜR KULTURBEGEISTERTE

Das Phoenix Cinema in East Finchley – eines der ältesten Kinos in ganz Großbritannien! Hier werden Stummfilme, „independent films" oder Wochenschauen aus den zwei Weltkriegen gezeigt. Die Erlöse fließen zu 100% an einen guten Zweck oder werden zur Erhaltung des Kinos genutzt.

Wärmstens empfehlen kann ich allen Kulturbegeisterten einen Besuch einer der vielen Broadway Shows. In den zahlreichen Londoner Theatern im Londoner Westend finden Musicals wie Aladdin, Les Misérables oder The Lion King statt. Werfen Sie einen Blick auf die Internetseite des Broadways und informieren Sie sich über aktuell laufende Shows – es lohnt sich!

FÜR FAMILIEN

Die Kensington Gardens, die Parkanlage am Kensington Palace, ist für Kinder ein wahres Paradies. Neben einem See mit Enten gibt es am „Diana Memorial Playground" ein Piratenschiff sowie diverse Matsch-Spiele. Bei gutem Wetter eine großartige Möglichkeit, den Tag mit Kindern zu verbringen! Sie können währenddessen einen Afternoon Tea in der angrenzenden Orangerie genießen.

Bei schlechtem Wetter lohnt sich ein Ausflug in das London Aquarium direkt neben dem London Eye – vielleicht eher als „Sea Life" bekannt. Hier gibt es Haie, Pinguine und vieles mehr zu bestaunen. Welches Kind ist davon nicht fasziniert?

Noch mehr Tiere gibt es im Londoner Zoo zu sehen. Auch der ist einen Ausflug wert!

Und noch etwas: Wenn Ihre Kinder Harry Potter-Fans sind, werden sie London lieben! Immer wieder stößt man in der Stadt auf Spuren des jungen Zauberers – zum Beispiel am Bahnhof King's Cross, wo am Gleis 9 ¾ Fotos mit dem in der Mauer steckenden Gepäckwagen gemacht oder im angrenzenden Harry Potter-Laden einige der berühmten Süßigkeiten gekauft werden können. Weitere

Filmkulissen waren das Regierungsgebäude von Whitehall am Scotland Place (das Zaubereiministerium) sowie die Millennium Bridge bei St. Pauls, die im sechsten Harry Potter-Teil zerstört wird. Das Highlight dürfte jedoch ein Ausflug in die Warner Bros. Studios etwa 30 Kilometer vom Londoner Stadtzentrum entfernt sein. Hier können originale Kulissen, Requisiten und Kostüme sowie Modelle aus den acht Filmen bestaunt werden. Seit Kurzem gibt es eine neue Attraktion: den Verbotenen Wald. Außerdem erfährt man, wie Spezialeffekte im Film generiert und eingesetzt werden und kann selbst einmal auf einem Besen fliegen. Familientickets sind für umgerechnet knapp 140 € zu haben. Aber Achtung: Unbedingt im Voraus buchen – besonders in Ferienzeiten ist die Tour schnell ausgebucht!

FÜR PANORAMA-JUNKIES

Zu meinen absoluten Highlights, wenn es um Aussichtspunkte geht, zählen zwei Aussichtshügel: Der Parliament Hill im Hampstead Heath Park sowie der nördlich an den Regent's Park angrenzende Primrose Hill. Beide liegen nördlich der Innenstadt. Ihr Besuch erfordert einige Minuten Fußweg, da sie jeweils mitten in einem Park liegen. Dafür haben sie ihren ganz eigenen Charme, denn sie sind keine klassischen, von Touristen überlaufenen Aussichtsplattformen. Vielmehr sind sie das Highlight, das Sie nach einem ruhigen Sparziergang bei gutem Wetter im jeweiligen Park erwartet. Hier können Sie sich abseits des städtischen Trubels entspannt auf einer Parkbank niederlassen und aus sicherer Entfernung den atemberaubenden Blick auf die Londoner Skyline in vollen Zügen genießen. Und das Beste: Sie zahlen keinen Eintritt.

Eine weitere Empfehlung meinerseits an all diejenigen unter Ihnen, die Großstädte gern von oben sehen, ist der sogenannte „Sky Garden" mitten im Stadtviertel „The City". Er befindet sich in der obersten Etage eines erst 2014 fertig gestellten 160 Meter hohen Gebäudes, das aufgrund seiner Form liebevoll

„The Walkie-Talkie" genannt wird, und macht seinem Namen alle Ehre, denn: Im wahrsten Sinne des Wortes befindet sich hier ein Garten in 160 Metern Höhe. Ein kleiner Dschungel als exotischen Pflanzen umgibt ein kleines Restaurant; nebenan direkt an der Glasfassade kann man an der Bar ein kühles Getränk genießen. Das Highlight: Ein 360°-Blick von oben auf die Stadt hinab. Der ist insofern besonders, als dass sich das Gebäude mitten in der Stadt befindet und die Perspektive von dort aus eine ganz andere ist als beispielsweise von einem der Hügel. Und kaum zu glauben, aber wahr: Der Eintritt ist kostenlos. Ja, wirklich! Das einzig Erforderliche für einen Besuch ist eine Reservierung im Voraus. Achtung: Das ist meist erst etwa zwei Wochen vor dem geplanten Besuch möglich. Hier empfehle ich Ihnen aber, sich rechtzeitig eine Erinnerung zu stellen und mindestens zwei bis drei Wochen im Voraus immer wieder einen Blick auf die „Sky-Garden"-Homepage zu werfen, um Ihre Wunschzeit frühzeitig zu vermerken.

Insgesamt bietet der Sky Garden meiner Meinung nach eine super Alternative zur Aussichtsplattform „The Shard", da der Eintritt kostenlos ist und beide Gebäude für Londoner Verhältnisse in unmittelbarer Nähe liegen, die Perspektive also eine ähnliche ist. Nichtsdestotrotz ist „The Shard" doppelt so hoch und ermöglicht daher natürlich noch weit mehr Ausblick als es der Sky Garden vermag.

Auch empfehlen kann ich die Dachterrasse des Einkaufszentrums „One New Change" direkt neben der St. Pauls-Kathedrale. Wer hier mit dem Aufzug bis ganz nach oben fährt, genießt bei einem kühlen Getränk aus der angrenzenden Bar einen wunderbaren Blick auf die nur einen Steinwurf entfernte St. Pauls-Kathedrale bis hin zum London Eye.

Wer zudem Rooftop-Bars mag, kann als einer der ersten die erst im Februar 2019 neu eröffnete 8000 Quadratmeter große Dachterrasse „The Garden at 120" mitten in der Fenchurch Street zwischen Londons Wolkenkratzern besuchen.

Einen Tipp möchte ich Ihnen zum Schluss ans Herz legen: Nehmen Sie sich zwischendurch Zeit und erkunden London zu Fuß. Steigen Sie an einer beliebigen U-Bahn-Haltestelle aus und bahnen sich Ihren Weg durch die Straßen. Sie werden Orte entdecken, zu denen Sie als Tourist niemals gelangt wären – abseits des Trubels im Großstadtdschungel. Sie spüren den Puls der Stadt stärker als an überlaufenen Sehenswürdigkeiten. Auf diese Weise bieten sich Ihnen die wahren Schätze Londons und Sie werden Seiten an der britischen Hauptstadt kennenlernen, die Ihnen sonst unbekannt blieben.

Packliste

Geld & Finanzen

O (evtl.) Auslandswährung
O Bargeld
O Bauchtasche
O Brustbeutel
O Bauchtasche
O EC-Karte
O Kreditkarte
O Notfall-Telefonnummern der Banken
O Portmonee

Hygiene

O Haarbürste / Kamm
O Deo (klein)
O Shampoo
O Kulturtasche
O Sonnencreme
O Taschentücher

O Reise-Zahnbürste und Zahnpasta
O Verhütungsmittel

Kleidung

O Badeklamotten
O Gürtel
O Hosen kurz / lang
O Mütze / Cap / Hut
O Pullover
O Regenjacke
O Schlafanzug
O Socken
O Sonnenbrille
O Sportklamotten / Jogginghose
O T-Shirts
O Unterwäsche

Medikamente

O Blasenpflaster
O Anti-Durchfalltabletten
O Erste-Hilfe-Set

O Fiebertabletten

O Fiebertabletten

O Mückenschutz

O sonstige Medikamente

O Pflaster

O Kopfschmerztabletten

Unterlagen & Papiere

O ADAC Unterlagen

O Adresslisten für Postkarten

O Krankversicherungsnachweis

O Stadtplan

O Führerschein

O Unterlagen für die Unterkunft

O Wasserdichte Hülle für Reiseunterlagen

O Impfausweis

O Mietwagenunterlagen

O Personalausweis

O Reisepass

O Reisetagebuch

O evtl. Studentenausweis

O evtl. Visum
O Zug- / Bahn- / Flugticket

Taschen & Rucksäcke

O Koffer / Trolley / Reisetasche
O Regenhülle für Rucksack
O Rucksack

Schuhe

O Badeschlappen / Hausschuhe
O Schuhe und Wechselschuhe

Sonstiges

O Brille / Kontaktlinsen und Etui
O Buch zum Lesen
O Ohrenstöpsel und Schlafmaske
O Regenschirm
O Reisedecke
O Wasserflasche
O Wörterbuch

Elektronik

O Digitalkamera
O Handy
O Ladekabel
O Kopfhörer
O evtl. Steckdosenadapter
O Power-Bank

Herstellung und Verlag:
BoD – Books on Demand, Norderstedt
ISBN: 9783837028423

1. Auflage
Kontakt: Psiana eCom UG/ Berumer Str. 44/ 26844 Jemgum
Covergestaltung: Fenna Larsson
Coverfoto: depositphotos.com